Lin. 20615.

PANÉGYRIQUE

DE

SAINT VINCENT DE PAUL.

IMPRIMERIE D'ADRIEN LE CLERE ET Cie,
QUAI DES AUGUSTINS, No 35.

PANÉGYRIQUE

DE

SAINT VINCENT DE PAUL,

PAR M. P. M. COTTRET,

Évêque de Caryste,

CHANOINE-ÉVÊQUE DU CHAPITRE ROYAL DE SAINT-DENIS.

PARIS.

LIBRAIRIE D'ADRIEN LE CLERE ET Cie,

QUAI DES AUGUSTINS, N° 35.

—

1830.

PANÉGYRIQUE

DE

SAINT VINCENT DE PAUL.

Dilectio et viæ bonorum apud ipsum.

La charité et la conduite des justes ont leur source en Dieu.

Eccl. XI, 15.

Messeigneurs [a],

Il faut élever nos ames jusqu'à l'auteur de tout don parfait, pour nous former une idée de cette charité qui nous unit à lui, et de toutes les merveilles qu'elle a opérées parmi les hommes.

Le monde, engendré dans le péché, a pour partage une générosité étudiée, une bienfaisance fastueuse, une morale incertaine : *Error et tenebræ peccatoribus concreata sunt* (1). Il faut à une religion qui vient de Dieu, et qui condamne le monde, des vertus sans taches, pures,

____

(1) Eccli. XI, 14.

aimables et sublimes, comme le Dieu qui en est
la source ; fortes, puissantes, fécondes en prodiges, comme le Dieu qui en est l'appui et la
récompense. Il faut à une Église qui seule peut
être appelée sainte, des modèles de cette sainteté qui est une condition nécessaire de son existence ; il lui faut des miracles de cette sainteté,
sur laquelle reposent et sa gloire et ses con-
quêtes. Vincent de Paul, paroissant comme un
phénomène miraculeux au milieu d'un siècle
qu'il devoit consoler de ses désastres, s'est acquis
une gloire immortelle par cette vertu sublime
que l'apôtre appelle la plénitude de la loi, le
lien de la perfection (1) ; par cette charité qui,
selon saint Prosper, est la plus puissante de
toutes les affections ; qui est insatiable des choses
de Dieu, qui convient également et à celui qui
combat pour lui donner la force, et à celui qui
triomphe pour lui donner la gloire (2). Vincent,
appelé par la grâce d'un Dieu puissant à rem-
plir ici-bas la mission d'un digne ministre des
volontés du Ciel, d'un illustre bienfaiteur de la
terre, fidèle en tout à cette grande vocation, a
montré, par son exemple, tout ce que peut la
charité contre la foiblesse de l'homme, en l'élevant au-dessus de lui-même ; tout ce qu'elle

(1) Rom. 13.
(2) Lib. III, *de Vitâ.*

peut aussi pour l'humanité, en donnant à l'homme saint et pieux une force surnaturelle pour secourir l'humanité malheureuse.

Les enfans du siècle, accoutumés à n'envisager que ce qui brille au dehors, jugent les saints bien plus par l'éclat que par la sainteté de leur vie. Ils admirent dans Vincent de Paul ses succès plutôt que ses vertus, les monumens immortels de sa charité plutôt que cette charité même, qui est plus immortelle encore. Pour nous, disciples de la vérité, nous ne voulons point détacher de l'astre du jour les rayons de lumière qui nous frappent; nous ne séparerons point de sa source le fleuve bienfaisant qui porte partout la fécondité et la vie. Nous devons donc, Chrétiens, louer dans l'illustre Vincent de Paul le divin auteur de toutes les vertus que le monde ne connoît pas, mais qui expliquent d'une manière si glorieuse pour la religion toutes les choses étonnantes que le monde admire. Nous louerons aussi ce que le monde admire lui-même; mais ce sera pour exalter davantage des vertus simples et modestes que le monde ne croit pas dignes de son admiration et de ses éloges [b].

La vie de Vincent de Paul a montré quel est le pouvoir de la charité dans l'ame du juste; les bienfaits de Vincent de Paul ont déployé toute la gloire de la charité au milieu des

hommes. Tel est le plan de ce discours. *Ave,
Maria.*

PREMIÈRE PARTIE.

La destinée de Vincent de Paul, comme tout
ce qui vient de Dieu, est au-dessus des pensées
des hommes. Pour la comprendre, il faut fer-
mer les yeux à cette figure du monde qui passe,
et les ouvrir à cette lumière qui ne finit jamais.
Il faut la foi, cette vertu si peu connue, et qui
souvent paroît problématique, parce que le véritable caractère en est effacé par les préjugés
et les passions de ceux mêmes qui prétendent
posséder la foi. Je parle donc de cette foi qui
se tient en garde contre toutes les misères de
l'homme matériel et terrestre ; contre les exigences de l'égoïsme, les petitesses de la vanité, les prétentions de l'orgueil. Aussi dans
cette solennité, qui est un triomphe pour notre
foi, je me garderai bien d'appeler basse et méprisable la condition dans laquelle est né l'illustre Saint, dont la gloire doit anoblir d'ailleurs
tout ce qui tient à sa destinée.

Les auteurs de ses jours subsistoient du travail des champs et du soin des troupeaux : tel
fut la condition de nos premiers pères. Cette
vie pastorale sanctifia Abel le Juste, fit éclater
la patience de Jacob, mit en sûreté les jours

du conducteur d'Israël, fut honorée par les saints et par les maîtres du monde. Le Sauveur des hommes ne dédaigna pas d'y puiser des leçons sublimes qui nous apprennent à le connoître, et des titres précieux qui nous apprennent à l'aimer.

David, dit l'Écriture, paissoit les troupeaux de son père, et il déployoit pour les défendre le courage le plus héroïque; c'est ainsi que, dès son enfance, il faisoit l'essai de cette force et de cette intrépidité qui l'ont rendu vainqueur du géant ennemi. Vincent de Paul a été aussi dans son jeune âge pasteur des troupeaux de son père; et c'est dans cet état, si obscur aux yeux du monde, qu'il fit l'essai de cette force, de cette grâce, de cette charité, en un mot, qui devoient renverser tant d'obstacles, et combattre avec gloire le génie du mal conjuré contre tous les siècles.

Dans des siècles dégradés par l'erreur et par l'oubli de Dieu, au milieu de ces hommes insatiables de tout ce qui tient à la terre et au néant, n'est-ce pas une Providence toute divine qui se réserve pour elle-même des asiles sacrés de la foi et de toutes les vertus chrétiennes? asiles d'autant plus impénétrables à l'esprit d'impiété et d'irréligion, qu'ils sont étrangers à cette prospérité qu'un de nos plus grands orateurs ne craint pas d'appeler une tentation perpétuelle contre la foi (1). Vincent de Paul s'est acquis par ses vertus un nom et une gloire qui n'appartiennent qu'à lui seul. Ah! mes Frères, c'est parce que sa foi, formée dans l'obscurité et dans le sein d'une pauvreté honorable, a pu croître dans toute sa pureté et se développer dans toute sa force. Elle n'a point eu à lutter, dès son berceau, contre ces embarras sans nombre dont parle notre divin Maître, contre ces ronces et ces épines qui la suffoquent, contre cette pierre qui la dessèche, contre ce passage continuel des enfans de la terre, qui dissipent au dehors cette semence précieuse [c].

Je ne suis donc plus étonné que cette foi de Vincent, née en quelque sorte sur le sol qui lui est propre, ait produit des fruits aussi abondans. Nous admirons cette prodigieuse charité, et toutes les vertus étonnantes de Vincent comprises dans la charité. Le principe, n'en doutons pas, est dans cette foi pure qu'il a puisée au sein de parens chrétiens, avec les exemples et les impressions qui en assurent le triomphe. O vous! familles vertueuses et ignorées du monde, n'oubliez jamais que c'est par vos exemples que se conserve cette foi héréditaire qui est le plus précieux de vos biens! Vous êtes la dernière espérance d'Israël! Quel avenir pouvons-

____

(1) Massillon.

nous attendre de ces générations flétries qui tolèrent encore, il est vrai, l'éloge de la foi, mais qui ne la possèdent plus, parce qu'elles n'en retrouvent plus et les exemples et la sanction au sein des foyers paternels!

Avec quel charme je me plais à contempler, sous le chaume et dans la solitude des champs, ce jeune pâtre, ce Vincent de Paul, dans lequel se développent tant de belles qualités! Quelle piété anime toutes ses pensées et respire dans toutes ses actions! quelle dignité dans son maintien! quel beau contraste entre les traits du jeune âge et la gravité de l'âge mûr! Son silence, pour me servir d'une belle expression de saint Éphrem, est réglé comme les cordes d'une lyre; et ce silence, nourri par la méditation des choses du Ciel, semblable à celui de l'enfant d'Israël dont parle Isaïe, est rempli de force et d'espérance (1). Quelle heureuse obéissance que celle qui a pour objet la volonté de parens pieux, accoutumés à ne commander que ce qui est bon et juste! Quelle sera sincère cette humilité qui se forme dans un état obscur, où il n'y a aucune illusion, aucun prestige! Mais, quoi! dans un âge aussi tendre, Vincent de Paul manquant de tout, trouve déjà de quoi assister les pauvres, et son esprit de mortifica-

______

(1) Is. xxx, 15.

tion est déjà pour lui une source de bienfaisance! On admira jadis ces fameux guerriers de
l'antiquité profane, qui, dès le jeune âge, ma-
nioient avec vigueur les armes pesantes qu'ils
devoient employer un jour contre l'ennemi.
Comment pourrons-nous ne pas admirer ce jeune
Vincent de Paul, essayant dans son enfance ces
nobles actions et ces vertus puissantes, qui doivent laisser d'aussi beaux souvenirs!

Vincent étoit à cet âge où l'on ne doit encore
savoir qu'écouter et obéir, et déjà il avoit pré-
ludé dans la carrière qu'il devoit parcourir avec
tant de succès; il avoit formé plusieurs enfans
aux lettres et à la vertu. Sa jeunesse étoit environnée d'autant de témoignages de confiance que
la maturité de l'expérience et des années. Les
familles les plus illustres se reposoient sur lui
du soin d'élever dans les plus nobles sentimens
les héritiers de leur nom et de leur gloire. C'est
ainsi qu'il fut permis au pieux Vincent de se
ménager, par le travail, des ressources pour se
livrer à une longue étude de la théologie, et
se rendre digne du sacerdoce. Il fut un prêtre
non moins savant que vertueux; les sectaires
qui, pour se venger de sa foi et de son zèle,
n'ont pas craint de l'accuser d'ignorance, rougi-
roient aujourd'hui de cette imputation absurde,
si l'erreur, jointe à l'esprit de secte, pouvoit
céder la place à la bonne foi et au repentir [d].

Unissons-nous, Chrétiens mes frères, à ce concert des anges et de tous les élus, qui prirent part à l'auguste sacrifice offert pour la première fois par une ame aussi pure que celle de Vincent de Paul. Admirons la prudence et l'abnégation de notre Saint, qui veut soustraire aux regards des hommes un aussi beau jour. A l'exemple des prophètes et des premiers sacrificateurs du monde, il cherche le silence et la solitude pour y offrir à Dieu la victime par excellence. Fortifié, comme Élie, par la manducation de ce pain descendu du ciel, il peut s'élever jusqu'aux plus sublimes hauteurs de la religion. Il le fit bien voir dans une de ces circonstances terribles et extraordinaires, qui est particulière à ce grand serviteur de Dieu, et qu'il laissa ignorer pendant presque toute sa vie, ne l'ayant confiée qu'au secret de l'amitié ; car on pouvoit dire de lui ce que disoit l'Apôtre des véritables Fidèles, qu'il cachoit sa vie en Dieu avec Jésus-Christ (1).

Jésus-Christ étoit en lui, et il étoit avec Jésus-Christ, ce prêtre héroïque, qui, au retour d'un voyage à Marseille, prêt à rentrer par mer dans sa patrie, est enlevé par des pirates et réduit à une dure captivité. Ces mains pures, qui devoient répandre tant de bienfaits, sont char-

______

(1) Colos. iii, 3.

gées de chaînes ; et l'homme pieux dont l'ame noble et sainte s'élevoit si souvent jusqu'au pied du trône du Très-Haut, est traité comme les animaux brutes qui servent aux besoins de l'homme, et dont la destinée ne s'étend pas au-delà de cette vie. Vincent, esclave, est exposé en vente sur la place publique de Tunis ; on lui donne un maître, et il est condamné aux plus rudes travaux. Quelle cruelle épreuve ! quel état ! La pensée seule en fait frémir notre délicatesse. Vincent supporte tout, endure tout avec une patience et une douceur inaltérables. Accoutumé, dès le berceau, à mesurer d'un œil ferme les intervalles et les vicissitudes de cette vie passagère, l'étendue des siècles, la prospérité, la misère, le temps, l'éternité, il s'unit à ces pieux captifs de l'antique Israël, qui, exilés chez des nations infidèles, suspendent leurs cantiques, et versent des larmes en songeant à leur patrie. Vincent verse aussi des larmes ; mais il pense à la patrie céleste, et cette pensée le console et l'encourage. Il triomphe de son infortune ; car il invoque, dans son malheur, le Dieu d'Abraham, d'Isaac et de Jacob, qui se regardoient comme des étrangers et des voyageurs sur la terre. Il vous invoquoit aussi, ô Reine des Anges et des hommes ! et nous savons que Vincent s'étoit spécialement dévoué à votre culte ; et, lorsque dans des jours plus heureux il vous avoit invoquée dans des lieux solitaires, dans ce saint pélerinage de Notre-Dame de Buglose, consacré par les plus chers souvenirs, il avoit éprouvé combien vous êtes compatissante aux douleurs de ceux qui vous implorent.

Ce qui animoit sa piété au sein de cette captivité cruelle, ce qui touchoit surtout son cœur, c'est que Marie est appelée la Consolatrice des affligés. Quel titre aux yeux de celui qui ne vouloit laisser sur la terre aucune douleur sans consolations, aucun malheur sans secours ! L'illustre esclave chante souvent l'hymne pleine d'onction et de foi, où nous disons à Marie qu'elle est notre espérance ; et dans ce beau chant de l'Église, Vincent trouve tout à la fois un adoucissement aux maux de sa captivité, et un moyen d'en accélérer le terme. La femme de l'infidèle entend avec émotion cette prière touchante ; les paroles de l'Église et l'accent pénétrant qui les accompagne dans la bouche de Vincent de Paul, font une vive impression sur cette étrangère ; elle fait entrer le remords et le repentir dans le cœur de son époux apostat, auquel, dans sa miséricorde, Dieu a donné Vincent de Paul pour esclave. Le chrétien parjure regrette la religion de ses pères ; l'esclave devient l'instituteur de son maître, et il opère le beau prodige de sa conversion. Ils rentrent ensemble dans leur patrie ; le coupable converti va chercher dans la capitale du monde catholique un de ces asiles sacrés réservés aux grands remords, et il s'y livre aux saints exercices de la pénitence jusqu'au dernier souffle de sa vie. Tel est un des plus beaux triomphes que Vincent ait remporté sur le crime et sur l'infortune.

Il visite lui-même la ville sainte où réside le chef auguste de notre sacerdoce ; c'est surtout pour y admirer les monumens qui attestent la gloire de la religion, et ranimer sa foi et sa piété par le spectacle imposant de tant de beaux trophées. Il vient enfin dans cette immense capitale de la France, le centre de tant de vices et de tant de vertus ; du moins alors elle avoit conservé tous les monumens de la piété de nos pères, et de la munificence toute chrétienne de nos Monarques. Ce n'étoit point le désir d'être connu qui l'appeloit dans la capitale ; ce désir n'entra jamais dans le cœur de notre Saint, même avec les déguisemens si dangereux qui cachent aux yeux des ames vulgaires les projets de la vanité, sous le prétexte d'utilité. Il s'agissoit pour Vincent de rendre compte au grand roi Henri IV d'une affaire importante dont il avoit été chargé à Rome.

On se demande comment, avec tant de vertu, et déjà honoré d'ailleurs par les personnages les plus illustres, Vincent a pu être regardé comme capable d'une action méprisable ; comment une accusation de vol a pu planer pendant plusieurs années sur un aussi saint prêtre ; comment, lorsqu'il assista dans la suite au conseil des rois, on a pu se permettre contre lui l'imputation de simonie ? Ah ! mes Frères, c'est que Vincent a été toute sa vie le plus simple et le plus modeste des hommes ; c'est qu'il a cherché les opprobres et non la gloire ; c'est que dans le siècle de notre Saint, ainsi que dans le nôtre, l'esclave du monde regarde comme digne de mépris celui qui a du mépris pour lui-même. Mais aussi, quelle leçon pour nous, aveugles enfans de la terre ! Quoi ! nous nous plaignons d'être calomniés par les hommes ! Sommes-nous donc plus vertueux, plus purs, plus détachés du péché que l'illustre héros de la charité chrétienne ? Vincent calomnié garde le silence ; il se contente de dire : « Dieu connoît la vérité ; » et la vérité se fait connoître ; et Vincent, toujours égal à lui-même, paroît étranger à son propre triomphe [a].

Cependant il reçoit de la part des maîtres du monde les témoignages les plus flatteurs. Une abbaye, le titre d'aumônier d'une reine, sont la récompense de ses services. Mais à ces avantages, à ces epérances, Vincent préfère les modestes fonctions de curé de village ; il instruit, il sanctifie des hommes simples et pauvres, dont les éloges ne donnent aucune gloire ici-bas ; et c'est ainsi que, pour me servir d'une expression d'un orateur du dernier siècle, Vincent, curé de Clichy, se livre à l'habitude d'un héroïsme ignoré. Les plus saints, les plus grands personnages l'honorent de leur estime; que dis-je! de leur amitié. Saint François de Sales lui confie le soin de ce qu'il a de plus cher au monde, en le chargeant de la direction des Filles de la Visitation; le pieux cardinal de Bérulle le reçoit chez lui, et devient le directeur de sa conscience; le général des Minimes, le R. P. de Maïda, lui écrit de Rome qu'*en considération de son insigne piété*, il l'associe aux prières et aux bonnes œuvres des religieux de son ordre. La vertueuse comtesse de Joigny, épouse du général des galères, veut qu'il soit l'instituteur de ses enfans, le directeur de sa conscience, l'arbitre de ses bonnes œuvres. Le vénérable Bourdoise, que les protestans eux-mêmes ont loué pour sa simplicité, pour ses vertus et ses mœurs antiques, se glorifie d'être son ami et son coopérateur. M. Olier, dont le nom et la mémoire seront aussi long-temps l'objet de notre vénération, que la Congrégation illustre dont il est l'instituteur et le modèle, travaille de concert avec lui pour le salut des ames, reçoit de sa main des ouvriers évangéliques, et se fait un devoir de suivre ses leçons; le saint prêtre Bernard a recours à ses lumières; le grand évêque

de Cahors, M. de Solminhac, si avare d'éloges,
exalte les vertus de Vincent. Ce qu'il y a de
plus illustre dans le monde veut s'associer à son
zèle et se guider par ses avis. Un grand ministre
désire seconder ses desseins ; plus tard, un puissant monarque veut mourir entre ses bras ; une
grande reine l'appelle à ses conseils, et lui confie la direction des affaires les plus importantes.
En un mot, Vincent est loué, honoré, consulté
de toutes parts, d'un bout de l'Europe à l'autre,
et même des extrémités du monde ; il est regardé comme l'ame de tout ce qui est bon et
utile : le sacerdoce, l'empire, les grands, les petits, le monde, le cloître, tous s'honorent de le
connoître, et de rendre hommage à tant de
belles qualités ; et au milieu de ce concert unanime, Vincent s'oublie lui-même, et aspire à
être méconnu et oublié des hommes.

Admirable vertu d'humilité, trésor inesti-
mable de la véritable foi, vertu si chère à tous
les vrais adorateurs du Très-Haut, sans vous,
rien de réel sur la terre, rien de méritoire dans
les actions du chrétien, puisque nous ne pouvons mériter qu'en Dieu et avec Dieu, et dans
la vue de Dieu, et que, sans l'humilité, nous ne
travaillons que pour nous-mêmes ! O combien
cette vertu est rare ! Existe-t-elle encore ici-bas ?
Et, s'il est à craindre que le Fils de l'Homme ne
retrouve point la foi sur la terre, n'est-ce pas

parce qu'il n'y trouvera point l'humilité [*f*]? Cette vertu nous manque, disoit le pieux Vincent, parce qu'on la considère plus qu'on ne cherche à l'acquérir. Pour lui, l'humilité étoit l'objet de tous ses vœux, de tous ses efforts; et, afin de devenir parfaitement humble, il avoit autant de zèle pour les humiliations et les abaissemens, que les enfans du siècle pour la gloire et les éloges. Mille fois il s'est humilié en présence de sa communauté par l'aveu de ses fautes; là, je le vois se jetant aux pieds d'un simple Frère, lorsqu'il croyoit l'avoir offensé; ailleurs, ayant éprouvé un mouvement de honte et de vanité, à l'arrivée d'un de ses proches, il se hâte de réparer cette faute en présence de tous ses prêtres assemblés. Souvent il parle de son néant, de sa misère, de sa naissance obscure, lorsqu'on veut honorer son rang et ses vertus, et il dit comme la modeste épouse d'Assuérus : « Je » ne connoissois pas ces signes de gloire, aux » jours de mon silence (1). » Il se fait comme une règle de céder sans efforts aux avis qu'il combat, convaincu que l'opinion la meilleure pour lui, est celle qui lui donne occasion de pratiquer l'humilité. Un novateur superbe accuse Vincent d'ignorance ; il lui reproche sa prétendue indignité. Vincent confond son ad-

(1) Esth. xiv, 16.

versaire, en renchérissant lui-même sur des reproches aussi injustes. Il est à la cour d'un grand roi; et il y paroît avec des vêtemens recousus et réparés, afin d'être confondu avec le vulgaire; et, dans ce séjour de la grandeur, où les rangs doivent être et sont marqués par les titres et par la naissance, Vincent, pour qu'on ne puisse lui disputer la dernière place, rappelle sans cesse son extraction.

Ce n'est pas seulement son ame sainte et pure, ce sont toutes ses actions, tout ce qui lui appartient, tout ce qui est sorti de ses mains, qu'il veut couvrir du manteau de son humilité. Ses bonnes œuvres, ses établissemens, ses miracles de charité, tout cela n'est rien à ses yeux. Que dis-je? Cette congrégation de missionnaires qu'il a formée, et parmi lesquels il passoit sa vie, il veut que ce digne objet de ses affections, que cette congrégation, si édifiante, soit regardée comme pauvre, comme chétive et de peu d'importance. De saints fondateurs ont paru jaloux de la gloire de leurs établissemens; on diroit que Vincent de Paul n'a été jaloux que de l'abaissement et de l'obscurité de ceux qu'il avoit formés. Je vous le demande, Chrétiens mes frères, quel est celui de tous ces saints personnages en qui vous reconnoissez un esprit plus parfait de renoncement à soi-même, et de conformité avec notre divin maître?

2

De cette humilité si vraie, si profonde, ré-
sulte, pour l'honneur de notre sacerdoce et la
gloire de notre religion, cet esprit de concilia-
tion et de concorde, qui réunit tous les cœurs
dans les mêmes desseins, qui fait réussir toutes
les bonnes entreprises, et qui sembloit s'épan-
cher de l'ame simple et humble de Vincent, pour
se répandre sur tous ceux qui devoient s'entendre avec lui. Avec un aussi saint personnage,
point de rivalité; car on ne peut s'empêcher, à
son exemple, de renoncer à toute prétention, à
tout désir de vaine gloire : point d'émulation,
si ce n'est pour le bien; point de cet esprit particulier qui isole et qui divise; car on ne voit,
comme lui, que le Dieu qui embrasse et confond
tous les hommes dans son immense bonté, et les
invite tous aux bienfaits de son ineffable munificence. Aussi, quel touchant accord entre les
Vincent de Paul, les François de Sales, les Olier,
les Bourdoise, les Bérulle, les Renty; les disciples de saint Benoît, de saint Bernard, de saint
François d'Assise, de saint Dominique, de saint
Ignace de Loyola; les évêques, les chapitres,
les paroisses, les pasteurs, les magistrats! Admirable union! pourquoi ne seriez-vous plus
aujourd'hui le caractère distinctif de toutes les
congrégations et de toutes les autorités qui doivent concourir au rétablissement de la foi et au
bonheur de la patrie? Devons-nous donc déses-

pérer de voir l'excellent esprit de Vincent de Paul ranimer encore les débris d'un tel siècle, ou, du moins, en retracer les souvenirs et les beaux exemples?

Cette humilité, ce principe de paix et d'union se montroit au dehors par une grande douceur; il eut occasion de pratiquer chaque jour, et envers le monde, et envers ses enfans, et envers ses ennemis, cette douceur angélique qui embellit la sainteté même, et qui est un des plus beaux attributs de l'humilité. Cette douceur, patiente et résignée, fut en lui le principe de ce discernement parfait qu'il montra toujours dans les circonstances les plus épineuses; et lorsque, pour engager ses missionnaires à pratiquer cette aimable vertu, il leur récitoit ces paroles du prophète Isaïe : *Il se nourrira de beurre et de miel, pour savoir réprouver le mal et choisir le bien,* Vincent exposoit au grand jour, et sans dessein, son ame toute entière. Oui, en prenant pour modèle le Désiré des nations, en nourrissant son ame de tout ce qui inspire le calme et la douceur, il l'avoit formée à la méditation, à la prudence, qualités heureuses, que le Ciel perfectionna lui-même pour l'accomplissement de ses desseins ineffables.

Ce prêtre doué de tant d'humilité, de tant de douceur, de tant de discernement, savoit soutenir avec force et avec noblesse les résolutions

qu'il avoit prises, après les avoir mûrement pe-
sées au poids du sanctuaire. Avec quel courage
ne résista-t-il pas mille fois, et aux sollicita-
tions, et aux démarches des hommes puissans,
et à leurs instances, qui sont toujours pour les
ames vulgaires des ordres impérieux? Quelle intrépidité au milieu des périls qui le menacent lui
et les siens? Avec quel abandon héroïque il brave
la contagion et la mort pour secourir les ames?
Quel zèle hardi et infatigable pour son Roi, au
milieu des commotions politiques; ce qui fit dire
à la Reine, régente du royaume, que notre illustre Saint « étoit un véritable serviteur de son
» Dieu et de son prince. »

Ne croyez pas, cependant, qu'avec ces vertus
éclatantes, il parût en sa personne rien d'extraordinaire, et qu'il laissât jamais apercevoir
combien le Tout-Puissant avoit fait en lui de
grandes choses. Aussi nous ne voyons pas qu'il
ait jamais parlé de révélations, de ravissemens;
et si l'Éternel lui a accordé ces faveurs qui sont
le partage des saints, le secret en est pour jamais
dérobé aux regards de la postérité. Ce que nous
savons, c'est que Vincent n'aimoit pas moins la
simplicité que l'humilité et la douceur. On le vit
plusieurs fois conjurer à genoux un de ses plus
jeunes missionnaires d'être simple et sans apprêt
dans ses instructions. Pour lui, il fuyoit tout ce
qui pouvoit briller au dehors; et, si sa tou-

chante éloquence remporta quelquefois de beaux
triomphes, il n'avoit point préparé ses succès;
car il parloit toujours, à l'exemple des Apôtres,
d'après la seule inspiration de l'Esprit saint. Cette
simplicité, nous aimons à la retrouver dans les
détails que nous pouvons connoître de sa vie
privée. Il est tenté contre la foi, et il écrit sa
profession de foi, et il la place sur sa poitrine,
et il y porte la main au moment de la tentation,
et il réussit à en triompher. Il est dans le monde,
au milieu des grands de la terre, et pour main-
tenir son ame dans la pensée des choses du ciel,
il se représente le chef de la famille où il se
trouve, comme étant le Fils de Dieu lui-même;
l'épouse est la Reine des cieux, et ses serviteurs,
ce sont les anges, assis au pied du trône de
l'Éternel, et toujours prêts à accomplir ses volontés [g]. Pénétrons dans cette cellule, si chère
à ce grand homme qui préside au conseil des
rois, qui est le chef de tant d'établissemens,
l'ame de tant d'entreprises, de tant d'affaires importantes; qu'y voyons-nous? Tous les attributs
de la pauvreté, tout l'appareil de l'indigence;
la couche de l'austère cénobite, point de foyer
pour garantir du froid la vieillesse du respectable
prêtre, un ameublement rustique, un crucifix,
l'eau bénite, quelques livres : voilà ce que possède
celui qui dispose de tant de richesses, et qui,
par sa munificence, répare tant de malheurs.

Les grands de la terre sont frappés de cet appareil si peu digne de celui qui occupoit parmi les hommes une place aussi importante. Ah ! mes Frères, c'est que la grandeur des saints est toute entière dans leur ame et dans le Dieu qui les élève au-dessus des autres hommes.

Il est bien détaché des choses de ce monde, ce dispensateur de tant de bienfaits, qui ne veut point que ses prêtres songent à acquérir ou à former des établissemens ; qui ne veut d'autre appui que la divine Providence, qui remet tout entre ses mains. Il fallut combattre pendant plus d'une année son esprit de renoncement absolu, pour le déterminer enfin à accepter l'importante maison de Saint-Lazare [h]. Lorsque ses vertus le placèrent dans un rang élevé, lorsqu'il fut à la tête d'une grande administration, il n'en profita jamais, ni pour les siens, ni pour lui-même. C'étoit même, à ses yeux, comme un titre d'exclusion, que de lui appartenir par les liens du sang ou de l'amitié. Semblable à ce grand patriarche, si admirable par sa foi, croyant à l'espérance contre l'espérance même, comment son cœur eût-il été ému des choses de cette vie ? On s'occupe bien peu de ce qui passe, lorsqu'on ne voit que l'éternité : de là, cette égalité d'ame qui ne se démentit jamais, ni dans les épreuves, ni dans les consolations, ni dans les succès, ni dans les revers, ni dans le besoin, ni dans l'abondance, ni dans les éloges, ni dans les reproches, ni dans la santé, ni dans la maladie ; en sorte que, selon son historien, on pouvoit dire de lui ce que la femme de Thécué disoit de David, que, « semblable à l'Ange du Seigneur, il n'étoit » ému ni par la bénédiction, ni par la malé- » diction (1). » Et pourquoi cette sérénité, ce calme que rien ne pouvoit altérer? C'est que son cœur étoit humble et soumis : « La paix, dit le » pieux auteur de l'*Imitation*, habite toujours » avec celui qui est humble : *Pax jugis cum* » *humili.* »

Maître de tout ce qui l'environne, arbitre puissant de toutes les affections et de toutes les dominations qu'exercent sur nous les objets du dehors, Vincent exerce un pouvoir plus grand encore sur lui-même. Il pratique dans le degré le plus éminent cette sainte mortification qui, selon ses propres paroles, ne fait point de quar- tier, ni à l'ame, ni au corps; qui refuse à l'ame vraiment pénitente, non-seulement les plus pe- tites jouissances de la vanité et de l'amour de soi-même, mais encore les contentemens les plus simples et les plus innocens; qui priva Vincent de la consolation de secourir et d'aider ses parens pauvres et ses amis malheureux; qui subjuguoit son corps par les macérations les plus dures, par

(1) II Reg. xiv. 17.

les oraisons, par les jeûnes, par le cilice et par la haire ; par cette haire trouvée sur lui après sa mort, et qui fut conservée religieusement comme un monument sacré de pénitence, jusqu'à ces jours de deuil, où tant de monumens pieux furent profanés; cette mortification, enfin, qui, dans ses voyages, fermoit ses yeux aux beautés de la nature ; il en détournoit ses regards, aimant mieux contempler l'image de son divin auteur attaché à une croix, qu'il portoit toujours sur lui.

Que dirai-je de cette pureté angélique, qui n'a pas de meilleur appui que la mortification, qu'il soutint toujours avec une sévérité si rigoureuse, dont il donna d'aussi beaux préceptes et d'aussi beaux exemples, et qui, comme celle du Sauveur, ne fut jamais atteinte par le souffle empoisonné de la calomnie ?

Ames pieuses qui m'entendez, voilà votre père et votre modèle ! Quel prodige ! Et c'est dans un siècle de relâchement qu'il 'a paru avec tous les attributs de cette sainteté héroïque qui a fait la gloire des premiers siècles. La charité est donc, dans tous les temps, puissante et féconde pour développer, dans le cœur de l'homme juste, les plus admirables vertus.

Mais elle n'a pas moins de pouvoir pour répandre sur les sociétés humaines les plus immenses bienfaits. Les bonnes œuvres et les éta-

blissemens de saint Vincent de Paul nous four-
niront la preuve de cette vérité, et le sujet de
la seconde partie.

DEUXIÈME PARTIE.

Un homme extraordinaire a paru dans le commencement du dix-septième siècle, surpassant
en puissance les plus grands rois, s'élevant au-
dessus de tous les génies par l'étendue de ses
conceptions, au-dessus de tous les talens par
la beauté de ses ouvrages; créateur nouveau,
parce qu'il est l'instrument du Créateur lui-
même; faisant sortir du sein de générations cor-
rompues et du néant du péché, tout ce qui doit
convertir les coupables et épurer les mœurs;
embrassant dans sa pensée tous les malheurs,
toutes les infirmités humaines, toutes les ressources de la religion et de la nature, tous les
intérêts du présent et tous ceux de l'avenir :
quel a été cet homme si étonnant, Chrétiens mes
frères? Un simple prêtre né dans l'obscurité, et
n'ayant jamais eu pendant une longue carrière
d'autre ambition que d'être connu de Dieu seul.

« L'homme juste, dit notre Seigneur Jésus-
» Christ, possède dans son cœur un riche tré-
» sor, d'où il tire le bien : *Bonus homo de bono*
» *thesauro cordis sui profert bonum* (1). » Tel a

(1) Luc. vi, 45.

été Vincent de Paul. Ce cœur étoit embrasé de la charité la plus sublime; tel a été le principe de ces bienfaits, qui seront à jamais l'objet de la reconnoissance de la postérité.

Quel prêtre de Jésus-Christ a marché plus constamment sur les traces de ce divin modèle? Et, si l'on peut dire de Vincent de Paul, qu'à l'exemple du Sauveur il a voulu que ses pas fussent marqués par des bienfaits, ne pouvons-nous pas ajouter que les bienfaits du Fils de Dieu lui-même respirent en quelque sorte dans tous ceux de Vincent? Ministre fidèle, il annonce l'Évangile aux pauvres; c'étoit là un des premiers caractères de la mission du divin Maître. Sans doute, à la voix de Vincent, les malades ne sont pas tous guéris; mais ils sont secourus et consolés. Vincent aussi appelle à lui les petits enfans, et il les appelle à la vertu et à la vie. Il pleure, il gémit sur les maux de l'humanité, et il est préparé pour tous les maux et toutes les misères de l'homme : il les connoît, et il sait y porter remède.

Ainsi, mes Frères, vous voyez déjà quelles pourront être et les institutions et les bienfaits de Vincent de Paul, que je vais proposer à votre édification.

Vincent avoit converti et consolé un pauvre habitant d'un hameau ignoré : voilà l'origine de la Congrégation de la Mission de Saint-Lazare.

Heureux hameau de Ganes, paroisse privilé-
giée de Folleville, du diocèse d'Amiens, où
Vincent prit la résolution d'évangéliser les pauvres, et dont le souvenir rappelle à jamais la
reconnoissance de tant d'ames sauvées par les
travaux de ses saints missionnaires! C'est par
une mission qu'il remercie le Tout-Puissant de
la conversion d'un simple villageois. Cette mission est le commencement de toutes celles qui
ont sanctifié tant de peuples; et l'édification des
habitans d'un hameau est pour le génie fécond
de Vincent le principe de l'édification de différentes parties du monde.

Il voit dès lors l'immense carrière qui s'ouvre
à son zèle. Il rompt avec courage les liens qui
l'attachent à l'excellente maison de Gondy. Pasteur et missionnaire de Châtillon-les-Dombes,
il y convertit des pécheurs opiniâtres; il ramène
les hérétiques au sein de l'Église. Il fait une
mission à Montmirel; à Montmirel, la grâce
opère les mêmes prodiges : ces prodiges se multiplient dans toute la France.

Dans la capitale, il convertit un grand nombre de galériens; il est nommé aumônier général des galères. Ce n'est point pour lui une
récompense, nous le savons; ce n'est qu'une
charge pesante, un engagement sacré, et il le
remplit avec une admirable exactitude. Il va à
Marseille visiter les malheureux forçats, et il y

recueille les plus abondantes consolations. On le voit dans ces lieux de malédiction et de désespoir, allant de rang en rang répandre la foi et l'espérance, pleurant avec ceux qui pleurent, baisant leurs chaînes, les arrosant de ses larmes, joignant l'aumône aux instructions, et s'insinuant dans les cœurs les plus endurcis. Ah! mes Frères, est-il besoin ici d'examiner si Vincent a réellement pris la place d'un de ces malheureux; s'il a pu, lui, prêtre et aumônier général des galères, se charger de chaînes pour en délivrer un criminel qui les avoit méritées; si les lois, et l'ordre qui doit régner dans une administration sévère, permettent de supposer la possibilité d'un pareil échange? Vincent de Paul prodiguant ses soins à tant d'infortunés, adoucissant leur sort, obtenant des officiers et des comites un traitement plus doux ; Vincent, appelé par sa place au soulagement de tous les forçats du royaume, s'occupant du salut de tous, me paroît bien plus digne de lui-même, que si, cédant à un sentiment particulier de commisération, il eût pris la place d'un seul, et frustré les autres des secours de son zèle et de sa charité [i].

Aussi Vincent, encouragé par le bien qu'il a fait à Marseille, revient bientôt dans la capitale. Muni de nouvelles lumières et de nouvelles forces, il se rend à Bordeaux; de saints reli-

gieux s'associent à ses travaux apostoliques ; les
galériens de cette ville sont touchés et conver-
tis. Un Musulman prend part à cette bénédiction du ciel ; et long-temps après la mort de
notre Saint, il atteste les merveilles de sa charité, et l'onction puissante de la grâce qui parloit par sa bouche. Toutefois, les soins donnés
aux forçats n'absorbent pas toute l'ardeur de
Vincent de Paul. Il continue ses missions dans
les campagnes, et les environs de la capitale re-
cueillent les fruits de ses travaux.

Cependant la Congrégation de la Mission
n'est pas encore formée. Aux yeux de Vincent,
les œuvres les plus admirables ne sont rien, s'il
n'en assure la perpétuité. Déjà les fonds existent
pour cette belle institution ; l'illustre comtesse
de Joigny y a pourvu par sa charité inépuisable. Mais, où trouver un nombre suffisant
d'ouvriers évangéliques disposés à renoncer à
leur première vocation pour en embrasser une
nouvelle ? Parmi toutes les congrégations auxquelles s'adresse Vincent, il n'en est point qui
puisse répondre à ses désirs. Heureux refus, ou
plutôt heureuse impossibilité, à laquelle l'Église
est redevable d'une nouvelle génération d'a-
pôtres, génération féconde, qui a porté et qui
porte encore les fruits les plus abondans, mal-
gré les années de sécheresse et de malédiction !
Le petit collège Saint-Firmin est donné à Vin-

cent de Paul par l'archevêque de Paris. Vincent
quitte le monde, accompagné seulement de deux
prêtres; il se retire à Saint-Firmin : tel est le
berceau de cette Congrégation de la Mission,
qui a étendu ses ramifications jusqu'aux extrémités de l'univers.

Sainte et vénérable maison de Saint-Firmin,
quels tristes, mais aussi quels glorieux souvenirs
vous rappelez à nos esprits ! Votre destinée étoit
donc d'occuper une place importante dans les
annales des saints ! C'est dans vos murs qu'ont
été immolés de nos jours les prêtres du Seigneur. Un des plus savans et des plus pieux disciples de Vincent de Paul les encourage : il pouvoit se dérober à la mort; mais il veut mourir
avec eux; et cette communauté, déjà illustre
par son immortel fondateur, obtient une illus-
tration nouvelle par le sang des martyrs [k].

Quel touchant spectacle, que celui que nous
présente ce grand homme commençant les travaux de la Congrégation, accompagné seulement
de deux prêtres ! Ils parcourent ensemble les
campagnes, allant à pied de paroisse en paroisse,
portant eux-mêmes leur modeste bagage, imi-
tant les Apôtres dans toute la rigueur de leur
dénûment, et, comme saint Paul, ne voulant
être à charge à personne. Ils sont si pauvres,
qu'ils n'ont pas même de gardien à qui ils
puissent confier leur demeure pendant leur ab-

sence, et ils en laissent la clef à un honnête habitant du voisinage. «Nous allions, dit notre saint
» prêtre, tout bonnement et simplement, en-
» voyés par Nosseigneurs les Évêques, évangé-
» liser les pauvres, ainsi que Notre−Seigneur
» avoit fait. Qui eût jamais pensé que cela fût
» venu en l'état où il est maintenant? Et néan-
» moins, c'étoit par-là que Dieu vouloit donner
» commencement à la compagnie. Hé bien! ap-
» pellerez-vous humain ce à quoi nul homme
» n'avoit jamais pensé? »

Non, mes Frères, il n'y a rien d'humain dans l'établissement et dans les progrès de cette sainte compagnie des prêtres de la Mission. Et la grâce qui en a inspiré le dessein, et les moyens qui l'ont accompli, et les vertus qui l'ont affermi et répandu dans toute la chrétienté, tout cela vient du Ciel. Le monarque, la magistrature, les pontifes, à l'exemple de celui de la capitale, s'empressent de l'approuver et de l'adopter. Bientôt le saint Siége autorise pour toutes les contrées du monde ce qui n'avoit été autorisé encore que pour le royaume de France [1]. Temps heureux, et à jamais digne de nos regrets, où les projets les plus utiles étoient promptement sanctionnés et réalisés par les pouvoirs les plus augustes, où le génie du bien n'étoit pas seulement encouragé par les plus illustres exemples; mais soutenu aussi par le concours unanime de toutes les autorités, tandis que le génie du mal, réduit à garder le silence devant la double majesté du sacerdoce et de l'empire, ne pouvoit intimider l'homme vertueux, et ne causoit de terreurs qu'à ceux qui vouloient être ses agens ou ses apologistes! Suivons les progrès de l'institution de nos dignes missionnaires. Déjà un grand nombre de prêtres pieux et savans veulent appartenir à la congrégation nouvelle, et leurs travaux embrassent bientôt toutes les provinces de ce vaste royaume. L'état affreux des Cévennes, dévastées par l'hérésie, excite leur zèle et leur commisération : la force armée ne peut y pénétrer ; mais cés régions inabordables semblent incliner la cîme de leurs rocs escarpés, en présence des disciples de Vincent de Paul, armés de cette douceur évangélique, qui est plus pénétrante que le glaive. Nos dignes apôtres méritoient de se rencontrer avec l'illustre missionnaire saint François de Régis, et de s'associer, dans ces montagnes, à ses glorieuses fatigues. L'armée a aussi besoin de leurs secours : le désordre et la contagion y réclament des guides et des consolateurs. « La peste est à l'armée, écrit » Vincent à l'un de ses prêtres : allez, et vous » remporterez la couronne. » Tels étoient les encouragemens de ces saints missionnaires.

La Cour désire de les entendre, et c'est le vœu du monarque. De modestes prêtres, accoutumés

à prêcher l'Évangile dans des temples rustiques,
font retentir les vérités austères de la religion
dans le palais des rois. Leur sévérité effraie;
leur zèle contre l'immodestie donne lieu à des
mécontentemens, à des reproches, à des chan-
sons injurieuses; mais enfin ils triomphent : les
pompes de ce monde se trouvent comme dé-
trônées dans leur propre palais, et les femmes
les plus illustres ambitionneront bientôt le titre
de servantes des pauvres.

Les travaux se multiplient, au point de pa-
roître impossibles à ceux mêmes qui en voient
les résultats. Soixante-dix missions ont lieu dans
la seule province de Lorraine, dans l'espace de
deux ans. Les limites de la France ne peuvent
contenir le zèle des disciples de Vincent de Paul.
Le pieux successeur de François de Sales les
reçoit à Annecy : Rome, Gênes, et un grand
nombre de villes d'Italie les demandent; leur
renommée les précède. Le souverain pontife est
leur protecteur. On les voit, à Tunis, consolant
les captifs, et adoucissant le poids de ces chaînes
qu'avoit portées leur illustre maître. La Pologne
veut les posséder, et elle les établit dans sa
capitale. Vincent les envoie au secours des Irlandais persécutés, et de nouvelles colonies de
ces saints consolateurs se succèdent dans ces
contrées malheureuses. Le royaume de Fez, les
contrées de l'antique Babylone, l'empire de

Perse, sont aussi l'objet de leur zèle et des pensées de leur pieux fondateur. A sa voix, ces intrépides conquérans des ames bravent les élémens, les saisons, la mort. Munis de sa bénédiction, soutenus de ses prières, ils vont à Madagascar porter et le flambeau de la foi et les espérances de l'éternité. Vincent est l'ame de toutes ces entreprises héroïques; que dis-je? il en est le modèle! et, dans un âge où le travail paroît impossible, ce saint prêtre, presque octogénaire, fait encore des missions.

Mais ce n'est point à la seule prédication et à l'instruction des pauvres que se bornent les travaux de nos missionnaires et le zèle de celui qui les dirige. Vincent connoît l'état malheureux de l'Église et les besoins du sacerdoce; et, à l'exemple du souverain Pasteur des ames, pour assurer le salut du troupeau, il s'occupe, avec ses prêtres, du salut des pasteurs [m].

De concert avec le pieux Bourdoise, il forme le projet des retraites spirituelles pour les ordinans. L'illustre Potier de Gesvres, évêque de Beauvais, l'appelle dans son diocèse, pour lui confier ces exercices, si nécessaires aux ministres du Seigneur. Vincent obéit, « plus assuré, dit-il, de la volonté de Dieu, lorsqu'elle lui parle par un évêque, que si elle lui étoit annoncée par un ange. »

Des changemens remarquables dans la con-

duite des jeunes clercs, une grande édification
sont le fruit de ces retraites. La capitale jouit de
ce bienfait, et les plus saints prélats veulent en
partager le mérite; une grande reine, environnée
de toute sa cour, se rend à la modeste chapelle
de Saint-Firmin, pour s'édifier elle-même en
présence de la tribu lévitique. Bientôt l'Italie,
l'Espagne demandent des retraites pour les ordinans. Les souverains pontifes, Alexandre VII,
Innocent XI, Innocent XII en ont fait, par leurs
décrets, une partie de la discipline de l'Église.

Mais il ne suffit pas d'animer la ferveur des
jeunes prêtres, il faut entretenir dans tous les
prêtres et les lumières et la piété. Le zèle éclairé
de Vincent n'oublie aucun des besoins du sacerdoce. Il aimoit, dans le cours de ses missions, à
s'entretenir avec les prêtres chargés du soin des
ames; il les consoloit, il les fortifioit par ses leçons et par ses exemples. Voilà l'origine de ces
célèbres conférences ecclésiastiques qui réunissoient dans la capitale ce qu'il y avoit de
plus illustre dans le sacerdoce, et qui ont con-
tribué si puissamment à en relever la gloire.
On y prenoit l'engagement de mener une vie
sainte, et d'être plus étroitement unis en Jésus-
Christ. «Vincent étoit l'ame de ces assemblées,
» dit le grand Bossuet, qui souvent lui-même
» y fit retentir sa voix éloquente; et, lorsque
» nous l'entendions discourir, nous étions té-

» moins de l'accomplissement de ce précepte
» de l'apôtre : *Si quis loquitur, tanquam ser-*
» *mones Dei* (1). »

Ces entretiens spirituels donnent naissance
aux retraites où les prêtres de tous les rangs et
de tous les âges retrempent leurs ames dans le
recueillement et la pénitence. Enfin, Vincent
établit des séminaires, et envoie au noviciat des
pères Jésuites ceux de ses prêtres qu'il destine
à l'éducation de la jeunesse sacerdotale. Il se
concerte avec les Olier, les Bourdoise qui avoient
déjà formé de semblables établissemens. Les séminaires se forment dans les différens diocèses;
une sainte émulation les multiplie; et, grâces
au zèle de Vincent et de ses illustres amis, le
sacerdoce français se rasseoit en quelque sorte
sur de nouvelles bases, et se prépare un avenir
qui ne sera jamais sans gloire, au milieu même
des plus terribles orages.

Mais saint Vincent de Paul ne s'est pas seulement occupé de sanctifier les ministres des
autels : pénétré de la sublimité de la vocation,
qui est le partage de tous les vrais chrétiens,
son génie en a mesuré toute l'étendue. Il a voulu
associer tous les rangs, tous les sexes aux fonctions sublimes du sacerdoce, en les associant à
ses bienfaits; et c'est encore ici, mes Frères, une

______

(1) Epist. ad Clem. XI, etc. 1702.

des plus belles conceptions de cette ame élevée qui se plaisoit à généraliser ses pensées et ses projets utiles. Nous le savons, une œuvre de miséricorde fut souvent, pour ce grand serviteur de Dieu, le principe d'une institution immortelle [n].

Lorsqu'il étoit à Châtillon-les-Dombes, on lui recommanda une famille malheureuse. Vincent fait entendre dans le temple du Seigneur le sublime langage de la charité, et ces infortunés sont secourus. Pour ménager au besoin de semblables ressources, les confréries de charité s'établissent; les villes, les campagnes voient se former partout ces pieuses associations. Une femme dont le nom sera à jamais inséparable de celui de Vincent de Paul, digne de marcher sur ses traces, Louise de Marillac, veuve de M. Legras, devient l'ame des nouvelles confréries; elle les soutient, les encourage, les visite, et y répand cette bénédiction qui s'attachoit aux paroles des disciples de Vincent.

Mais, pour confier à la pieuse Louise ce nouvel apostolat, Vincent avoit exigé quatre années d'épreuves. Quel admirable et glorieux noviciat, que celui qui devoit avoir pour récompense les peines, les travaux, les contradictions de tout genre ! Oh, qu'il est consolant de suivre sur ses pas cette dame illustre, qui, accompagnée de quelques autres dames, parcourt diverses con-

trées de la France, pour y établir, pour y encourager les confréries de charité! Elles sont
d'un sexe, d'une complexion, d'un rang où le
moindre péril effraie, où l'on redoute les entreprises fatigantes. La charité redoute-t-elle quelque chose? Avant de se mettre en voyage, elles
reçoivent dans leur cœur celui qu'elles vont
faire aimer et honorer par leurs vertus; on se
livre aux saints exercices de la mortification,
pendant ces jours de fatigue; on invoque le
Tout-Puissant, on chante ses louanges au milieu des champs et des chemins, à l'exemple
de Jacob et des enfans d'Israël, et nos saintes
femmes reviennent dans la capitale, auprès du
pieux directeur de ces utiles travaux, plus vertueuses encore et plus dévouées.

Un sentiment moins puissant que la charité,
digne toutefois d'encouragemens et d'éloges, la
bienfaisance, se mêloit à ces bonnes œuvres.
Mais la bienfaisance a ses limites, et la charité
n'en connoît pas. La bienfaisance est assujétie
à la prudence humaine; elle en suit les calculs,
et la charité les méprise. La bienfaisance redoute l'air impur et les fatigues des hôpitaux;
les liens du sang, les exigences du rang et de
la fortune, les affections de famille imposent
des lois à son zèle et à sa commisération; la
charité commande au rang, à la fortune et à
toutes les affections terrestres. La bienfaisance

fait agir; la charité agit elle-même. La bienfaisance s'occupe d'assurer des soins aux malades; mais c'est la charité qui les leur donne.
En un mot, la bienfaisance n'est pas la charité.

La vertueuse disciple de Vincent, en surveil-
lant les confréries de charité, avoit eu à lutter
contre les tiédeurs et les délicatesses mondaines
de la bienfaisance qui s'étoit insinuée, et qu'il
avoit fallu admettre dans ces saintes associations; et, après quelques années, elles sont me-
nacées d'une ruine inévitable. Louise Legras
n'écoute plus que son zèle. Elle veut elle-même
servir les pauvres. Elle attend cette faveur avec
une sainte impatience. Elle sollicite, elle presse
le plus sage des directeurs et le plus prudent
des maîtres. « Que votre cœur, lui dit Vincent,
» honore la tranquillité de celui de Notre-Sei-
» gneur! » Et elle se soumet en silence à un
délai si pénible pour la charité sublime qui
remplit son ame toute entière. Enfin le moment
est arrivé. Plus de retards; plus d'incertitude.
L'humble Louise voit tous ses vœux accomplis;
et par elle et avec elle, Vincent donne à son
siècle et à la postérité l'admirable institution
des Servantes des pauvres; et le rang, et la fortune, et l'éducation la plus brillante, et tous les
avantages du monde s'éclipsent devant ce titre
nouveau et étonnant; et les pauvres sont servis
dans les hôpitaux et les paroisses des grandes

villes, dans les bourgades, dans les campagnes;
et la charité remporte un triomphe qu'auroient
envié les plus beaux siècles du christianisme.

Vincent est lui-même dans l'admiration, dans
la joie. Il ne craint pas de prédire à ses filles,
qui lui sont si chères, qu'elles seront de grandes
reines dans les Cieux. Heureuses filles! vous
n'avez, comme l'a dit votre saint fondateur,
« pour monastères, que les maisons des malades;
» pour cellule, qu'une chambre de louage; pour
» chapelle, que l'église de votre paroisse; pour
» cloître, que les rues de la ville ou les salles
» des hôpitaux; pour clôture, que l'obéissance;
» pour grille, que la crainte de Dieu; et, pour
» voile, qu'une sainte et exacte modestie. » Comme
Marie, vous prenez la meilleure part, en vous
livrant aux saints exercices de la vie intérieure;
comme Marthe, vous ne renoncez point à la
seconde; et votre partage se trouve ainsi sans
bornes et sans réserve; et tout vous appartient
dans les bénédictions que le Seigneur répand sur
ceux qui accomplissent sa volonté sainte! Quel
prodige! L'orphelin délaissé a trouvé une mère;
le soldat blessé, des consolations et des soins;
les veuves un appui; les malades et les pauvres
honteux, la nourriture, la santé, la vie.

Nous admirons cet ordre, cette propreté, ces
soins, ces secours, ce service exact et régulier
des pieuses servantes des pauvres dans les asyles

qui leur sont consacrés. Voilà ce qui paroît, ce qui brille au dehors; mais saint Vincent de Paul a fait quelque chose de plus étonnant encore, Chrétiens mes frères, en instituant ces dignes filles de la charité. Il a fondé, auprès de ceux qui souffrent, cette douceur toute céleste qui désarme les cœurs les plus endurcis; cette patience invincible qui triomphe du temps; ce courage infatigable qui ne redoute aucune peine; cette charité, en un mot, qui est toute insatiable de bienfaits, qui convertit les cœurs et qui les guérit.

Mais quoi! la charité n'existoit donc pas avant que Vincent de Paul formât ses établissemens admirables? Oui, sans doute, puisqu'elle a été donnée aux hommes avec la religion même. Mais Vincent a placé la charité auprès de toutes les misères de l'homme : la seule miséricorde, si grande toutefois, si belle, si touchante, n'a point suffi à son ame inspirée de Dieu; il lui a fallu la charité, avec tout son génie, avec toutes ses merveilles.

Il la plaça auprès de vous, pauvres et innocentes créatures, abandonnées de vos mères, victimes, dès votre entrée à la vie, de cette dépravation qui vous a donné l'existence. Que d'obstacles il a fallu surmonter pour fonder l'établissement des Enfans-Trouvés? Déjà des sommes immenses ont été absorbées par les secours que réclament ceux qui se trouvent en si grand nombre dans cette capitale. Les ressources s'épuisent; la générosité se fatigue; ces malheureux enfans vont donc enfin être délaissés pour toujours. Vincent seul, inébranlable, au milieu de ces craintes, toujours zélé, au milieu de ces découragemens, Vincent n'abandonne point ses propres efforts; il les poursuit, il les couronne par le plus beau triomphe.

Ah! il avoit tout le génie de la charité, celui qui s'adressa à des femmes pieuses, à des mères, pour secourir de pauvres petits enfans abandonnés! Vincent savoit donc vous apprécier, ô femmes généreuses, qui, par vos largesses, avez fondé avec lui l'hôpital des Enfans-Trouvés! Combien les paroles du vénérable prêtre sont éloquentes; on voit qu'elles partent du cœur de l'homme juste. Non, non, Femmes chrétiennes, vous ne pouviez échanger le titre de mères, contre celui de juges de ces jeunes infortunés; leur destinée étoit entre vos mains, et vous l'avez assurée pour toujours!

Vincent de Paul plaça aussi la charité auprès de vous, malades si nombreux de l'Hôtel-Dieu de Paris, lorsqu'il forma cette association de dames illustres qui subsista plus de soixante ans encore après sa mort, partageant les travaux les plus pénibles et les plus rebutans avec les dignes religieuses qui y consacrent toute leur vie, et

laissant après elles le souvenir de leurs exemples, qui ont toujours eu des imitateurs.

Et auprès de vous aussi, pauvres innombra-
bles de cette immense capitale, en fondant l'hôpital général de la Salpêtrière, auquel le château
de Bicêtre fut donné par la suite, Vincent forme
un projet tout à la fois politique et sacré, et
c'est la charité qui l'accomplit. Grâces à ses
institutions, la capitale de la France est, de
toutes les grandes villes de l'univers catholique,
celle qui a eu le moins à souffrir du fléau de la
mendicité!

Et, puisque nous parlons des établissemens
formés par la charité de notre saint fondateur,
pouvons-nous oublier ceux qu'il a protégés et
secourus? Passerai-je sous silence et les services
importans qu'il a rendus à l'ordre de Malte, en
sanctifiant un de ses chefs et en ranimant l'esprit
du sacerdoce parmi les pasteurs qui étoient de
cette juridiction; et à l'illustre congrégation de
Sainte-Geneviève, en secondant les efforts du
cardinal de La Rochefoucault, son réformateur;
et à la congrégation de Saint-Maur, et aux
ordres de Chancelade, de Grammont, de Pré-
montré, de Saint-Bernard, à la Visitation de
Sainte-Marie, au couvent de la Conception, aux
Filles de la Providence, à celles de Sainte-Geneviève, à celles de la Croix, aux filles Orphélines;
en un mot, à un nombre prodigieux de com-

munautés et de congrégations, qui lui sont redevables ou de leur conservation, ou d'abondans secours, ou de sages réformes et d'avis salutaires, ou du rétablissement de la paix et du bon ordre, et plusieurs, de tous ces biens ensemble?

Mais ce ne sont plus seulement des congrégations pieuses que j'appelle ici en témoignage: ce sont des provinces, des nations, des générations entières, qui, en ce jour solennel, semblent sortir de leurs tombeaux pour proclamer, dans cette illustre assemblée, la gloire du juste, la gloire de leur immortel bienfaiteur. Il est temps, mes Frères, que j'expose sous vos yeux de nouveaux prodiges d'une vie déjà si féconde en prodiges.

Lorsque Vincent s'occupoit de tant de soin et de tant de bonnes œuvres, un état voisin de la France, et qui en forme aujourd'hui une de plus belles provinces, la Lorraine, étoit en proie aux plus horribles fléaux. Cinq puissances différentes en avoient fait le théâtre de leurs sanglantes querelles; et les troupes chargées de la défendre n'étoient pas moins redoutables pour les habitans qui devoient les entretenir, que les troupes envoyées pour en faire la conquête. Les villes et les campagnes offroient le spectacle le plus affreux. C'est avec raison qu'on a dit de ce peuple qu'il surpassoit, par ses malheurs, Jérusalem et Samarie, puisqu'on a vu non-seule-

ment des mères dévorer leurs enfans, mais même
des enfans dévorer les auteurs de leurs jours.
Des milliers de pauvres parcouroient les cités,
laissant sur les places publiques, et dans les rues,
des cadavres sans sépulture, que venoient dé-
chirer des bêtes féroces qui ajoutoient leurs ravages aux ravages de la guerre, de la contagion,
de la famine. Toutes les classes de la société
étoient en proie à la même misère ; et l'on vit de
dignes pasteurs obligés, pour subsister, de s'at-
teler à la charrue, à la place de ces animaux
utiles que la faim avoit immolés. Les vierges con-
sacrées à Dieu, contraintes de fuir loin de leurs
monastères, erroient ça et là dans les champs
et dans les bois, couvertes de lambeaux, cher-
chant un asile dans des cabanes ignorées, expo-
sées aux plus grands dangers et aux plus grands
outrages.

Vincent, qui avoit formé tant d'établissemens pour toutes les disgrâces et pour toutes
les infirmités humaines, étoit le seul homme
de son siècle qui fût en quelque sorte armé et
fortifié contre de semblables malheurs. Il falloit son génie ; il falloit la charité, qui est le plus
beau génie accordé à l'homme sur la terre ; il
falloit ses talens et ses vertus, pour proportion-
ner les ressources à tant de maux ; mais il falloit
aussi ses institutions.

Déjà, depuis des années, les missionnaires de

Saint-Lazare avoient porté dans diverses con
trées du monde le bienfait inappréciable de leu
zèle. Ici, une carrière nouvelle s'ouvre à leu
courage. Vincent se hâte de les envoyer en Lor
raine, chargés de secours et de bénédiction
Habile à ne laisser jamais échapper aucune cir
constance, aucun personnage favorables à se
immenses desseins, il trouve un aide et un c
opérateur dans le pieux baron de Renty, qu
comme Vincent, s'étoit déjà montré secourab
aux galériens de Marseille, aux esclaves chr
tiens, aux catholiques persécutés. Renty, dont l
années si rigoureusement comptées sur la terr
sont pleines devant le Seigneur, connoissoi
jeune encore, cette province malheureuse
l'avoit appelé la profession des armes. La Lor
raine fut aussi l'objet de son zèle et de ses bo
nes œuvres : les détails nous en sont inconnu
mais, qu'il nous suffise de savoir que, dans c
terribles épreuves, sa charité s'est unie à celle
Vincent de Paul, et qu'elle doit être associées
sa gloire, puisqu'elle s'est associée à ses bienfai

L'active charité de Vincent pourvoit d'abo
aux plus grands besoins. Des vêtemens pour
nudité, des médicamens pour les malades, d
alimens pour toutes les classes, sont confiés
ses intrépides missionnaires. La Lorraine seml
être rappelée à la vie; l'espérance renaît da
l'ame de ses habitans désolés.

Politiques de la terre, lorsque de terribles fléaux ont frappé les peuples soumis à votre administration, vous vous occupez, et avec raison sans doute, de relever des murailles, de rendre fertiles des campagnes ravagées, d'encourager l'industrie. Mais si, après de grands malheurs et de grands scandales, vous oubliez les vrais intérêts de la terre, en oubliant le ciel; si vous ne faites fleurir aussitôt la religion et les mœurs; si vous ajournez d'une manière indéfinie ces premiers besoins des sociétés humaines, tout ce que vous entreprenez d'ailleurs ne s'affermit pas; toutes vos constructions s'écroulent; et la perversité de l'homme, plus puissante que votre foible sagesse, entraîne dans une ruine commune, et vos projets, et vos espérances, et la société toute entière.

Les disciples de Vincent, tout pénétrés de l'esprit et de la charité de leur maître, sont à peine au milieu des habitans de la Lorraine, que les maux de ce monde périssable diminuent et se réparent; mais ils sont chargés surtout de régénérer les ames et de les sauver. Ils prêchent la contrition, le brisement, l'anéantissement de l'ame coupable, à des hommes qui sont déjà comme anéantis et brisés par la misère; et Dieu est loué et honoré au milieu des plus terribles désastres et des plus grands troubles, tandis que la sagesse humaine ne peut souvent réussir à

faire respecter Dieu, dans le calme de la pl
grande prospérité! Vincent de Paul est don
pour les habitans de la Lorraine, le vérital
homme d'état qui les calme et les pacifie, par
qu'il est l'homme de Dieu qui les sanctifie et q
les console. Sa politique fut profonde, par
qu'elle étoit chrétienne; et il améliora le temp
parce qu'il envisageoit l'éternité.

Puis-je vous passer sous silence, vous aus
modeste et zélé coopérateur de Vincent, exce
lent Frère, qui, tout rempli de la charité
ce saint prêtre, bravez les plus grands dange
au milieu des plus pénibles voyages, pour po
ter des secours à la Lorraine dévastée? Av
quelle sainte adresse, avec quelle heroïque co
fiance vous accomplissez une mission aussi bell
à travers des armées ennemies, toujours infat
gable, toujours intrépide dans vos marches
périlleuses, toujours heureux dans vos nobl
entreprises! Bon serviteur de l'homme just
digne ministre de Vincent de Paul, vénérab
Matthieu, que votre nom soit aussi associé à j
mais à celui du héros de la charité chrétienn
Une grande reine a voulu vous voir, vous ente
dre raconter les choses admirables qu'on dis
de vous! Ah! sans doute, vous en avez reçu
récompense devant le Roi des rois : c'étoit
le mobile de votre courage, et l'objet de vot
ambition [o].

Cependant, les maux se prolongent, les ressources s'épuisent : l'ame seule de Vincent est inépuisable. Des monastères entiers, des familles composées de plusieurs générations, des mères infortunées, de jeunes enfans, de jeunes vierges, des vieillards, des cultivateurs, des gentilshommes quittent la Lorraine et viennent dans la capitale se réfugier auprès de leur père et de leur appui. Vincent leur donne à tous et des secours et des asyles. Leur patrie semble condamnée à la solitude et à la mort. Vincent, accablé, anéanti à la vue de tant de misères, va trouver le grand et célèbre ministre qui disposoit alors en France de la destinée de tant peuples. Il se prosterne à ses pieds, et le conjure avec larmes d'accorder la paix à la France et à l'Europe. Quelle honorable démarche ! mais il me seroit difficile peut-être de la justifier aujourd'hui, au milieu de ces générations circonscrites dans le cercle étroit des manières et des intérêts de ce monde, qui craignent d'apprécier ce qui est noble et généreux.

Que direz-vous donc de notre Saint, enfans de ce siècle, si, à l'indiscrétion d'aller demander la paix au dépositaire du pouvoir, il joint celle de demander des secours pour des catholiques opprimés chez une nation étrangère; si ce protecteur des Irlandais malheureux est aussi, au milieu de la cour, le défenseur généreux de son

ami M. Olier, qui en avoit encouru la disgrâce;
si, plus tard, pour pacifier le royaume, nous
le voyons demander à une reine puissante ce
que personne n'avoit osé demander avant lui!
Cependant, et le grand Richelieu, et la reine
Anne d'Autriche, n'ont pas jugé Vincent de
Paul comme le jugeroit notre siècle. Mais le
siècle de Vincent avoit la foi; et nous deman-
dons au siècle présent quel est son partage!

Ce Vincent de Paul, qui se trouveroit peut-
être méconnu parmi nous, c'est celui qui,
ayant, pendant vingt ans, répandu sur la Lorraine dévastée, des secours et des sommes immenses, et adouci tous ses malheurs, renou-
vela les mêmes prodiges pour la Champagne et la
Picardie, frappées des mêmes fléaux; c'est celui
qui donna du pain aux habitans de ces provinces, réduits à manger l'herbe des champs, à
dévorer leurs hâillons et leurs propres membres;
c'est celui qui, dans cette nouvelle désolation,
ramena dans le sentier de la vertu des peupla-
des privées de pasteurs, et devenues étrangères
à la foi; c'est celui qui procura la sépulture à des
milliers de soldats étendus sur le champ de ba-
taille, qui soigna les blessés, nourrit les conva-
lescens, arracha au désespoir et à la mort tant
d'infortunés qui alloient attenter à leur vie, ou
qui, pour la conserver, vouloient attenter à celle
des autres; celui qui, étendant à tous les lieux

sa tendre sollicitude, venoit au secours de la capitale et des environs, tandis que les provinces du royaume et les nations étrangères éprouvoient les effets de sa charité sans bornes. C'est celui dont le génie répond à tout, supporte tout, suffit à tout, triomphe de tout [*p*].

Au milieu de tant de travaux, il règle d'une main ferme les destinées de l'illustre Église de France. Il brave et les grands intérêts de famille et le crédit des personnages les plus puissans, pour ne conférer les hautes fonctions du sacerdoce qu'à ceux qui en étoient dignes; et, par ses lumières, autant que par son zèle, il prépare ce beau siècle de Louis XIV, qui occupe une place aussi importante dans les annales de la religion. Quelle modestie, quelle prudence, quelle humilité dans le conseil des rois! On l'écoute; car on sait qu'il n'est guidé par aucune pensée humaine; on suit ses avis, car il ne connut jamais d'autre inspiration que la volonté de Dieu.

Ce fut pendant cette belle et immortelle administration, où la reine Anne d'Autriche lui donna une si grande part, qu'il réprima la fureur des duels, en faisant renouveler et observer les anciennes ordonnances; qu'il bannit la licence des spectacles, ne pouvant les supprimer; qu'il empêcha la publication des livres où la foi et les mœurs pouvoient être outragées. « Si

» vous voulez, disoit-il à un monarque enfant,
» attirer la bénédiction de Dieu sur votre règne,
» il faut que les dépositaires de votre autorité
» fassent respecter la religion et ses ministres. »

Des innovations dangereuses menacent de troubler la paix des plus saints monastères. Il ne s'agissoit de rien moins que de blâmer toute l'antiquité, de flétrir la gloire des Apôtres eux-mêmes, comme étrangers aux voies nouvelles de la perfection, et s'attribuer, par un sentiment d'orgueil qui n'est peut-être pas inconnu encore aujourd'hui, des moyens exclusifs de science et de salut. Vincent combat avec force ces nouveautés dangereuses; il dissipe les nuages qui alloient obscurcir la foi et ternir l'éclat de la vraie piété.

Il lui fallut déployer un plus grand zèle encore contre une hérésie née sous ses yeux, et qui, depuis long-temps déjà, troubloit la paix des consciences et le repos de l'Église. Que d'efforts pour arrêter les progrès de cette secte qui, prétendant s'appuyer sur l'autorité d'un saint docteur, s'attacha réellement aux doctrines désespérantes du calvinisme, affectant bientôt de regarder ses erreurs comme un fantôme, et le nom de son fondateur comme une injure?

Au milieu de tant de travaux qui se sont succédé sans relâche, Vincent a vu ses années s'accumuler, et, avec les années, les infirmités et les douleurs. Cependant ses derniers jours ne sont pas tout-à-fait dénués de consolations et de récompenses. Déjà, la mémoire de son illustre ami saint François de Sales est vénérée dans l'église, et Vincent travaille à sa canonisation. Il lui adresse des prières. M. Olier, décédé depuis quelques années, est aussi l'objet de ses hommages; il demande à Dieu d'être exaucé par les mérites de ce saint prêtre, et ce culte de Vincent, si précieux pour les enfans de M. Olier, surpasse tout ce que nous pourrions dire à la gloire du vénérable fondateur de la Congrégation de Saint-Sulpice. Vincent est encore consolé par cette grâce qui agit si puissamment sur le cœur de son élève, le célèbre cardinal de Retz, dont la pénitence dura vingt ans et ne finit qu'à la mort.

Tous les établissemens formés par Vincent de Paul sont affermis; ses missionnaires portent partout ses bienfaits et sa charité; ses saintes filles se sont multipliées en raison des infirmités humaines. Le sacerdoce est régénéré, la religion revivifiée; Vincent va rendre à Dieu une ame qui n'avoit jamais laissé altérer la céleste empreinte de la Divinité. Il veut mourir comme il avoit vécu, en faisant de bonnes œuvres; il envoie des secours généreux au patriarche des Maronites; et il fonde un grand hôpital dans la Bourgogne, pour les pélerins et les voyageurs.

Averti de sa fin par ses douleurs, il avoit donné à ses enfans dés avis qu'ils devoient suivre à jamais ; digne testament d'un saint vieillard qui, ayant été l'arbitre de tant de trésors, ne laisse sur la terre qu'un crucifix, un chapelet, un bréviaire, une haire et quelques livres. Je crois entendre un de ces illustres patriarches qui réunissoient leur postérité autour de leur lit de mort, et leur disoient, avec cet accent qui est si bien compris dans cet auditoire : Écoutez, écoutez, ô mes enfans, la voix de votre père ! *Audite, filii mei, patrem vestrum* (1). La voix de Vincent de Paul retentit encore au milieu des hommes ; elle n'est jamais restée muette, même dans les plus grands orages, et nous retrouverons toujours parmi ses enfans les sentimens, les vertus et les œuvres que rappelle son nom glorieux.

Ainsi s'est éteint, dans les saintes pratiques de la charité, ce grand homme qui en a été un aussi beau modèle. Un admirable concert, et d'éloges et de regrets, a répondu partout à la nouvelle de sa mort ; on s'est écrié, avec un prélat jadis son ami : *Lucerna extincta est in Israël :* Un flambeau s'est éteint dans Israël. Cet hommage rendu au fondateur de tant d'institutions utiles, étoit devenu le domaine de l'il-

____

(1) Tob. xiv, 20.

lustre nation française, lorsque la révolution, armée de crimes et de fureurs, est venue lui disputer ses plus précieux héritages. Elle a ouvert la carrière de ses attentats par la profanation la plus criminelle envers l'illustre Vincent de Paul. On eût dit que le génie du mal vouloit nous donner d'avance la mesure de ses excès, en outrageant, dès son début, la mémoire de celui qui avoit possédé à un aussi haut degré le génie du bien.

Cependant, la bienfaisance et la philosophie, ces foibles apologistes de la sublime charité, avoient érigé une statue à saint Vincent de Paul; et elles ne purent garantir sa demeure des hideux résultats des doctrines philosophiques: tant il est vrai qu'à la religion seule il appartient de célébrer dignement ses héros, et que le monde, avec ses pompes et ses éloges, ne peut honorer les saints, parce qu'il n'aspire point à la gloire de les imiter.

Vous attendez de nous d'autres hommages, ô illustre Vincent! nous aimons à célébrer en vous le bienfaiteur de l'humanité; mais nous savons que vous en êtes le modèle. Votre gloire nous touche; mais nous ne pouvons oublier que cette gloire a été acquise dans l'humilité. Nous admirons vos institutions, votre génie; mais, c'est parce que votre ame anime encore les monumens de votre charité, et que nous y retrouvons l'empreinte de vos vertus. Votre charité fut immense, votre confiance en Dieu fut sans bornes; votre patience inaltérable, et votre calme, celui du juste. Voilà le vrai sage que nous devons louer et imiter sur la terre, et le véritable bienfaiteur que Dieu récompense, et qui nous attend dans les cieux. *Ainsi soit-il.*

NOTES.

———

[*a*] Ce Discours devoit être prononcé en présence des prélats invités à prendre part à la cérémonie de la Translation des Reliques de saint Vincent de Paul, qui a eu lieu à Paris le 25 avril dernier. La durée de cette auguste cémonie n'a pas permis qu'il y fût prononcé aucun panégyrique du Saint. Plusieurs personnes pieuses ayant témoigné le désir de se procurer la lecture d'un discours qu'elles avoient entendu réciter dans des réunions particulières, l'auteur a cru devoir le livrer à l'impression. Il n'a point cherché à lutter contre les orateurs célèbres qui ont composé des panégyriques de saint Vincent de Paul. Ce prêtre si admirable, si digne d'être le modèle des ministres du Seigneur, est au-dessus des hommages et des efforts de ces hommes à talent. D'ailleurs, pour le louer, il doit suffire de le peindre : l'auteur de ce panégyrique ne s'est pas proposé un autre but.

[*b*] Un des travers de notre siècle philosophique est de n'envisager la religion que dans les résultats qu'elle peut avoir pour le bonheur passager de cette vie. On n'ose point en sonder la base, ni en reconnoître la divinité; on la juge dans ses rapports avec les sociétés humaines : cela suffit à des hommes trop foibles ou trop petits pour se soumettre à l'humilité et à l'abnégation du christianisme. On

n'a pas réfléchi que la religion ne peut être un moyen entre les mains de l'homme d'État, qu'autant qu'elle est la fin que se proposent ceux qui lui sont subordonnés, et qu'il doit lui-même aspirer à cette fin si digne de l'homme raisonnable. Autrement, avec ses vues tout humaines, il ignorera quelles ressources la religion peut lui fournir pour le maintien de l'ordre et des lois. La foi semble s'être restreinte et affoiblie en raison de cette tendance du siècle à ne vouloir connoître et honorer que les bienfaits temporels du christianisme : *Laudatur et alget.* Un simple curé de village qui conduit son troupeau dans les voies du salut; un missionnaire qui fait des conversions, méritent plus de la religion et de l'état, que des écrivains à talent, qui, par de dangereux éloges, *matérialisent* en quelque sorte ce qui, de sa nature, est esprit et vérité.

[*c*] Cette prérogative des gens de la campagne s'est bien affoiblie, et il faut avouer qu'elle n'existe plus dans une bonne partie de la France. L'impiété, qui sembloit jadis être le partage exclusif des heureux du siècle et de leurs flatteurs, se trouve aujourd'hui réunie avec les misères et les travaux les plus pénibles de la vie humaine, l'ignorance la plus absolue et le défaut d'éducation; en sorte qu'il y a maintenant dans une classe malheureusement trop nombreuse de la société, tout ce qui peut porter au crime, et rien de ce qui doit en détourner, si ce n'est la crainte des lois auxquelles le coupable espère d'ailleurs toujours se soustraire.

Des philosophes, aveuglés par des préjugés de secte, ont essayé de nous convaincre que les crimes sont plus multipliés là où le peuple ne sait pas lire; d'où l'on a conclu la nécessité de répandre et d'accréditer partout la méthode puérile de l'enseignement mutuel. Mais il a été prouvé, sans réplique, qu'il se commettoit moins de crimes dans

les départemens crayonnés de noir, à cause de leur ignorance, que dans ceux que le grand art de la lecture a pré-
servés de cette petite insulte niaisement philosophique.

Faut-il conclure de là que l'ignorance est avantageuse
pour le peuple? Non, sans doute, puisque l'ignorance
abrutit l'homme et le rend capable des plus grands for-
faits. Mais l'ignorance lui est bien moins funeste que
ces fausses lumières, qui, sans lui ôter ses grossières ha-
bitudes et ses penchans dangereux, l'enhardissent à rai-
sonner sur le principe de ses devoirs, pour apprendre à les
méconnoître et à les enfreindre. Socrate, au rapport de
Cicéron, désiroit que la Sagesse descendît du ciel, et vînt
habiter dans les maisons. Ce vœu du philosophe païen,
proclamé le plus sage d'entre les philosophes anciens, n'a
pu être réalisé que dans le christianisme. En France,
comme dans les autres états chrétiens, le peuple possédoit
cette sagesse. Sa science étoit toute morale, toute intellec-
tuelle; il savoit son origine, sa destinée et ses devoirs. Socrate, Platon et Pythagore n'étoient pas aussi avancés dans
la haute philosophie. La propagation des mauvaises doctrines, en enlevant à l'homme du peuple ces précieuses lumières, l'ont réellement dégradé : il n'inspire plus ni la
même confiance, ni la même estime. Quels reproches les
hommes vraiment philosophiques n'ont-ils pas le droit
d'adresser aux propagateurs de ces millions de mauvais
livres, qui, depuis quinze ans surtout, infestent et dés-
honorent notre patrie? Quels reproches aussi pour ceux
qui, ayant le pouvoir et l'obligation de nous préserver
de ce fléau, ont dormi tranquilles au milieu de ses ravages, sans songer seulement à la terrible responsabilité
qui devoit en résulter pour eux, devant Dieu et devant
les hommes !

Ce qui répand, entretient aussi l'impiété et l'immoralité
dans les campagnes, c'est le mépris public et scandaleux

de toutes les lois et ordonnances relatives à l'observation des jours consacrés au culte de l'Éternel. Nos voisins les Anglais ne peuvent concevoir cet abus si commun en France; ils se demandent s'il y a encore une religion parmi nous; si nous pouvons encore être compris parmi les nations civilisées? Les grandes villes conservent quelques vestiges de christianisme les jours de fête et de dimanche; pour les campagnes, c'est autre chose; on diroit que l'homme qui s'y trouve n'est pas digne des regards de l'autorité.

[*d*] On est étonné qu'un prêtre chargé de tant d'affaires importantes et difficiles, qui exigeoient des connoissances et une habileté peu ordinaires, ait pu être taxé d'ignorance et d'incapacité. Comment celui qui présidoit les célèbres conférences des ecclésiastiques les plus instruits pouvoit-il ne l'être pas lui-même? Il est convenu, chez les sectaires et les gens de parti, qu'il n'y aura de lumières que parmi ceux qui sont leurs complices ou leurs dupes.

[*e*] On sait que saint Vincent de Paul, à son retour de son voyage de Rome, occupoit à Paris le même appartement qu'un de ses compatriotes, qui fut volé par le commis d'un pharmacien. Toutes les probabilités se réunissoient contre Vincent, parce que lui seul avoit la clef de l'armoire où son compagnon malade avoit déposé l'argent dérobé, et qu'on ne se souvenoit pas de l'avoir ouverte au véritable voleur. Celui-ci trouva le moyen de soustraire, sans être aperçu, un sac d'argent qui se trouvoit auprès d'un gobelet où il versa la potion qu'il avoit apportée.

Cette accusation de vol, dont notre Saint pouvoit être la victime, méritoit d'être citée dans son éloge, puisqu'elle nous fait voir quelle est la conduite du véritable serviteur de Dieu, lorsqu'il est calomnié par les hommes. Cette particularité nous prouve aussi que l'humilité, qui est le partage des saints, est une vertu difficile à comprendre dans le monde. On ne croit pas communément celui qui dit du bien de lui-même; mais on croit celui qui en dit du mal, parce que cela est fort rare, et qu'on suppose toujours que celui qui parle de la sorte a la conscience de sa bassesse et de son incapacité.

[*f*] Il est à remarquer que l'orgueil et l'égoïsme sont presque toujours en raison directe de l'incrédulité; tandis que l'humilité, la simplicité, l'amour du prochain, ne se trouvent pour l'ordinaire que chez les vrais croyans. Il peut y avoir, sans doute, des hommes superbes qui aiment et louent la religion; mais ce ne peut être que lorsque leur orgueil et leur vanité n'ont point à en souffrir. Puisqu'on ne peut être un vrai chrétien sans être humble, y a-t-il beaucoup de vrais chrétiens dans le monde? Le paganisme connoissoit la modestie, c'est-à-dire la modération dans les actions, dans les discours et dans les sentimens; mais le paganisme ne connoissoit pas l'humilité.

[*g*] Saint Vincent de Paul, ainsi que le raconte son véridique historien, Abelli, évêque de Rhodez, se plaisoit à trouver des rapports touchans et instructifs entre les choses visibles de ce monde et les choses invisibles de Dieu, surtout lorsque la religion pouvoit embellir ces sortes de rapprochemens. « Il regardoit le divin Sauveur comme » pontife et chef de l'Église dans notre saint père le Pape, » comme évêque et prince des pasteurs dans les évêques, » docteur dans les docteurs, prêtre dans les prêtres, reli- » gieux dans les religieux, souverain et puissant dans les » rois, noble dans les gentilshommes, juge et très-sage po-

» litique dans les magistrats, gouverneurs et autres offi-
» ciers. Et le royaume des cieux étant comparé dans l'E-
» vangile à un marchand, il le considéroit comme tel dans
» les hommes de trafic : ouvrier dans les artisans, pauvre
» dans les pauvres, infirme et agonisant dans les malades ;
» et, considérant ainsi Jésus-Christ en tous les états, il
» s'excitoit par cette vue à honorer, respecter, aimer et
» servir un chacun en Notre-Seigneur, et Notre-Seigneur
» en un chacun. »

[h] Cette sorte de répugnance que témoignoit saint Vincent de Paul pour tout ce qui pouvoit répandre un éclat
extérieur sur ses établissemens, est un des caractères par-
ticuliers de ce saint fondateur. L'immense maison de Saint-
Lazare contrastoit sensiblement avec la modeste maison de
Saint-Firmin. Aussi, quelles difficultés, quels délais le respectable prieur de Saint-Lazare n'eut-il pas à surmonter
pour faire accepter à notre Saint un établissement de cette
importance? « Jacob, dit à ce sujet M. de Lestocq, docteur
» de Sorbonne et curé de Saint-Laurent, n'a pas eu tant
» de patience pour obtenir Rachel, et tant insisté pour
» obtenir la bénédiction de l'Ange, que M. le prieur et
» moi en avons eu pour obtenir un oui de M. Vincent.
» Nous avons crié plus vivement après lui que la Cananée
» après les Apôtres. ».

[i] M. de Boulogne, dans son beau *Panégyrique de saint
Vincent de Paul*, s'exprime ainsi : « Nous ne dirons point
» que Vincent ait porté les chaînes d'un forçat qu'il vouloit
» rendre à sa famille. Pourquoi des faits douteux dans un
» discours où l'orateur succombe sous le poids des merveilles
» authentiques, et où, pour être éloquent, il n'a besoin que
» d'être vrai ? Il n'est, sans doute, pas prouvé que, pour
» délivrer un forçat, il ait vendu sa propre liberté ; mais ce

» qui l'est incontestablement, c'est que ses soins, son temps,
» sa vie toute entière, ont été consacrés à l'assistance et au
» soulagement de ces malheureux ; c'est qu'il ne se crut
» quitte envers eux, qu'en leur assurant des instructions
aussi durables que les secours..... »

Il paroît que le fait authentique de la captivité de saint
Vincent de Paul, à Tunis, a donné lieu à l'histoire sup-
posée de sa captivité dans le bagne de Marseille. Ce grand
serviteur de Dieu laissa ignorer toute sa vie, et son esclavage chez les infidèles, et la conversion de son maître. Ces
faits s'étant ébruités, sans qu'on en sût encore des détails
circonstanciés, chacun put les commenter, les interpréter
à sa manière. On trouva qu'un esclavage volontaire étoit
plus glorieux pour notre Saint, plus conforme au caractère
sublime dé sa charité, qu'un esclavage forcé et imprévu,
quels qu'aient été les résultats de celui-ci. Avant la révolution, on ne doutoit point, dans les cercles de la capitale,
que saint Vincent ne se fût substitué à la place d'un galé-
rien, dans le bagne de Marseille. M. le cardinal Maury se
conforma à cette opinion.

Dans les siècles philosophiques, comme dans les siècles
d'ignorance, une saine critique et une logique exacte
sont fort rares, par la raison que ce genre de mérite ne
jette pas assez d'éclat.

[*k*] M. François, prêtre lazariste, étoit supérieur du
séminaire de Saint-Firmin, en 1792, à l'époque où cette
communauté devint une prison dans laquelle on entassoit
les prêtres fidèles, pour les immoler. M. François pouvoit
échapper au massacre. Les ouvriers et fournisseurs de la
maison lui proposoient des moyens sûrs de s'évader. Il ne
voulut point profiter de ces offres charitables, et il répondit
qu'étant le chef de la maison, c'étoit à lui à donner l'exemple
du courage et de la persévérance. Une prison remplie de

saints prêtres, de pasteurs vénérables, de pieux cénobites, qui attendoient le martyre, ne manquoit pas cependant ni d'encouragemens, ni d'exemples. M. François périt donc glorieusement avec toute la communauté, à l'exception de quelques prêtres, qui se sauvèrent dans le clocher et sur les toits. Il étoit un de nos prédicateurs les plus distingués, dans un temps où la chaire pouvoit se glorifier de posséder encore un bon nombre d'excellens orateurs. Nous lui sommes redevables d'un très-bon ouvrage, qu'il composa contre le serment civique, et qui maintint, ou fit rentrer dans le sein de l'unité un grand nombre d'ecclésiastiques et de fidèles. Cet ouvrage étoit intitulé : *Mon Apologie.* M. François avoit aussi composé un *Discours pour la fête séculaire de Saint-Cyr,* et une *Oraison funèbre de Madame Louise.*

[*l*] Tous les établissemens importans pour la religion ont commencé leur existence par l'approbation formelle du chef auguste de l'Église. La Sorbonne, les Universités, un grand nombre de collèges, de chapitres et de monastères ; les établissemens de saint Louis, ceux des rois ses successeurs, ceux de Louis XIII et de Louis XIV, reposoient sur ce pouvoir essentiellement conservateur, parce qu'il est le monarque de la hiérarchie sacerdotale, chargé de diriger et d'éclairer tout le troupeau ; toujours fort contre l'esprit d'isolement et de mensonge, parce qu'il est le centre de l'unité et de la foi catholiques. Il paroît que nos politiques modernes ont cru qu'il falloit changer tout cela ; car il n'est pas du tout question, aujourd'hui, de consacrer par le suffrage du souverain pontife des établissemens indispensables pour la religion, et qui intéressent la monarchie. Aussi, rien ne se fait, rien ne se fera pour donner de la consistance à la religion et à ses ministres. Nous sommes toujours, sous ce rapport, dans un état provisoire ; mais la

révolution et l'incrédulité n'attendent pas : elles marchent;
elles envahissent toutes les conditions et tous les âges.

[*m*] On ne pourroit se faire une idée de l'état de dégra-
dation où se trouvoit alors le clergé, dans une grande partie
de la France, si nous n'avions, sur ce sujet, les renseigne-
mens les plus certains : l'ignorance, l'oubli de tous les devoirs, les vices les plus grossiers, l'égoïsme, la cupidité,
s'étoient emparés du sanctuaire. Saint Vincent recevoit
chaque jour, de différens diocèses, des lettres qui enflam-
moient son zèle pour la réforme du clergé. Il est bon de si-
gnaler le mal, lorsque, pour le réparer, il existe des hommes
puissans en œuvres et en paroles. Autrement, il est plus
charitable et plus prudent *de prier, souffrir et se taire.*

[*n*] « M. de Beauvais ayant fort goûté cette pensée (la pré-
» paration des prêtres au sacerdoce), il arriva un jour que,
» faisant voyage, et menant avec lui M. Vincent, dans son
» carosse, au mois de juillet de l'année 1628, ce bon prélat
» (M. de Gesvres) demeura quelque temps les yeux fermés,
» sans parler, méditant quelque chose dans son esprit; et
» ceux qui l'accompagnoient s'étant retenus dans le silence,
» croyant qu'il sommeilloit, il ouvrit les yeux et leur dit
» qu'il ne dormoit pas, mais qu'il venoit de penser quel
» seroit le moyen le plus court et le plus assuré pour bien
» dresser et préparer les prétendans aux saints ordres; et
» qu'il lui avoit semblé que ce seroit de les faire venir chez
» lui, et de les y retenir quelques jours, pendant lesquels
» on leur feroit faire quelques exercices convenables, pour
» les informer des choses qu'ils devoient savoir, et des vertus
» qu'ils devoient pratiquer. Alors, M. Vincent, qui lui
» avoit déjà représenté, en général, la nécessité de cette
» préparation, en approuva grandement la manière; et,
» élevant la voix, lui dit : *O, Monseigneur, voilà une pen-*

» *sée qui est de Dieu!* Voilà un excellent moyen pour re—
» mettre, petit à petit, tout le clergé de votre diocèse en
» bon ordre. » (Abelli.)

[*o*] Le frère Matthieu a fait cinquante-trois voyages en
Lorraine, pendant neuf ou dix années des plus grandes ca-
lamités de cette contrée, pour y porter l'argent des aumônes
que recueilloient saint Vincent de Paul et ses dignes co-
opérateurs. Il n'avoit jamais sur lui moins de vingt mille
francs, et quelquefois, vingt-cinq et trente mille. Ce qu'il y
a d'étonnant, c'est qu'ayant fait tant de fois ce voyage, au
milieu de soldats de différentes nations, jamais on ne lui
prit l'argent dont il étoit chargé. En prenant la somme de
vingt-cinq mille francs, pour terme moyen de celles dont
ce fidèle et zélé serviteur fut chargé chaque fois, il s'ensuit
qu'il a porté en Lorraine un million trois cent-vingt-cinq
mille francs; somme bien considérable pour ce temps-là,
et qui n'est qu'une partie de celles qui furent employées à
secourir ce malheureux pays. On ne comprend point ici les
distributions en nature. Comment expliquer ces prodiges?
La charité n'est pas moins incompréhensible dans ses effets,
que dans son principe, qui est Dieu même.

[*p*] Dans une lettre où saint Vincent de Paul rendoit
compte à un docteur en théologie qui étoit alors à Rome,
de la détresse des habitans de Paris, pendant la guerre
civile, et des secours qu'on y distribuoit, il s'exprime ainsi :
« On donne, chaque jour, du potage à quatorze ou quinze
» mille, qui mourroient de faim sans ce secours ; et, de plus,
» on a retiré des filles en des maisons particulières, au nom-
» bre de huit à neuf cents, et l'on va enfermer les pauvres
» religieuses réfugiées qui logent par la ville, et quelques-
» unes même (comme l'on dit) en des lieux suspects, dans
» un monastère préparé pour cet effet, où elles seront bien

» gouvernées. Voilà bien des nouvelles, monsieur, contre
» la petite maxime où nous sommes, de n'en point écrire;
» mais qui pourroit s'empêcher de publier la grandeur de
» Dieu et ses miséricordes !

FIN.